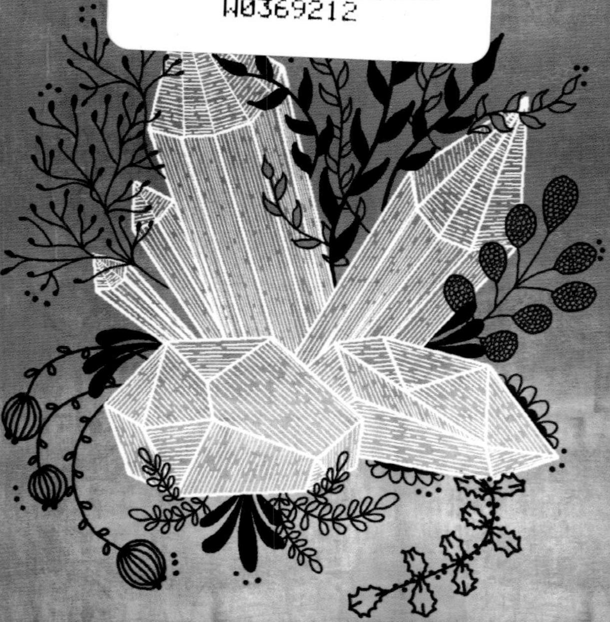

Énergie

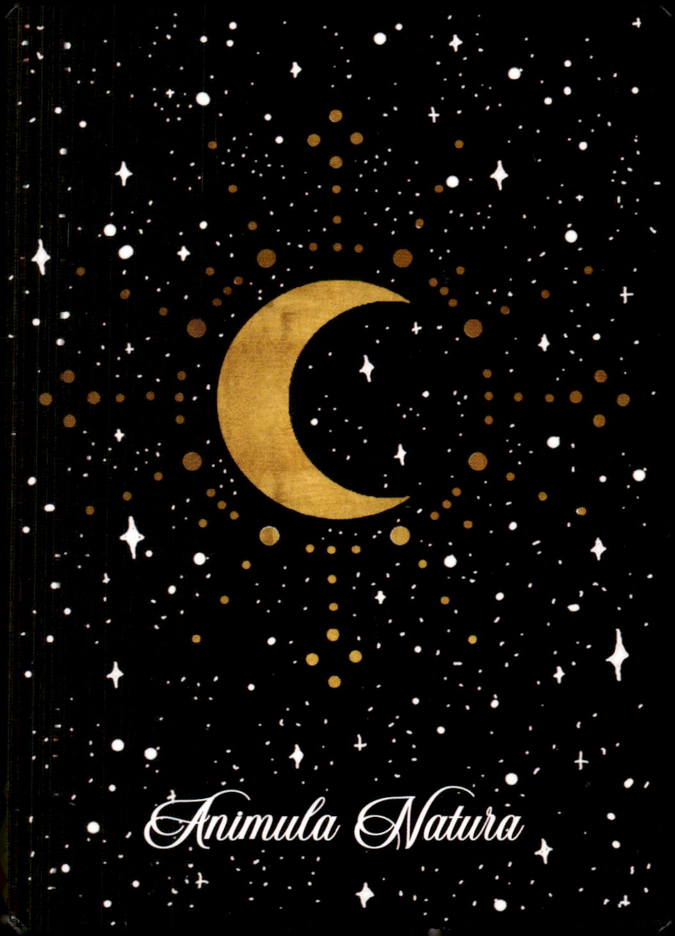
Animula Natura

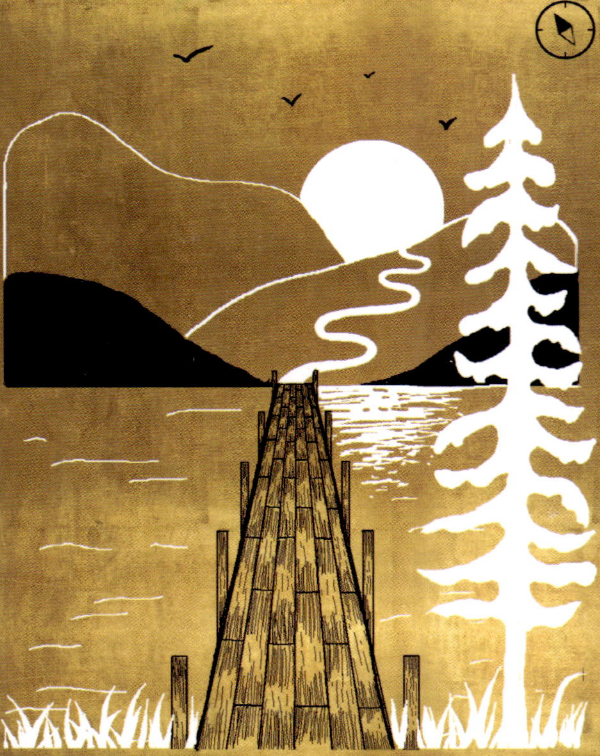

• *Passage* •

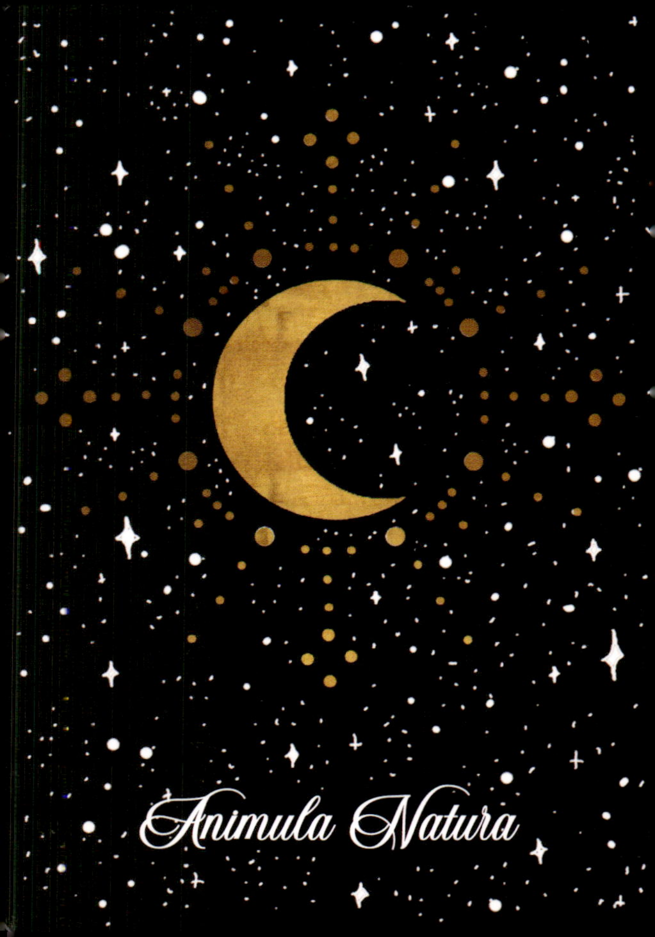
Animula Natura

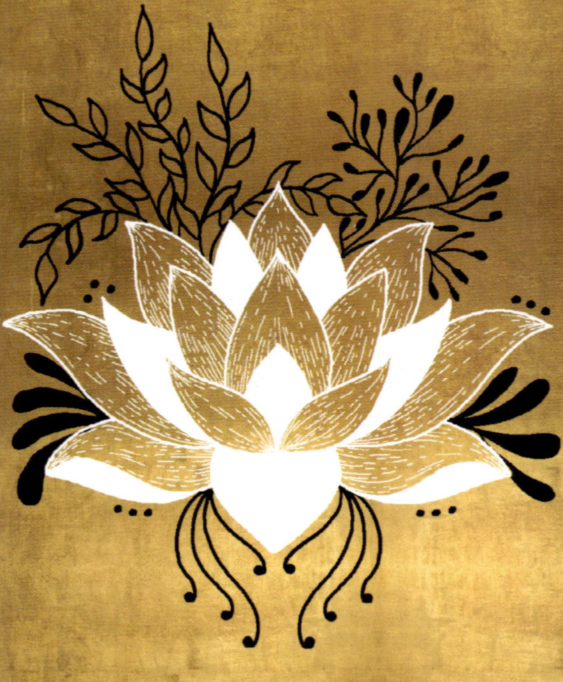

Pureté

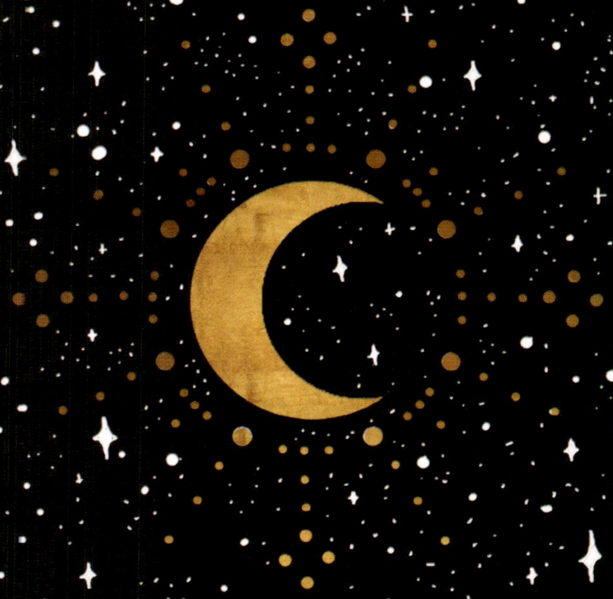

Animula Natura